Rosa dei Venti
EDIZIONI

atroce bellezza
meraviglioso
DOLORE

Atroce bellezza, meraviglioso dolore
Proprietà Letterarie Riservate
www.rosadeiventiedizioni.com
rosadeiventiedizioni.blogspot.it

© Prima Edizione Cartacea: Settembre 2016
ISBN: 978-88-99118-09-9

Curatrice dell'opera: Monia Iori
Progetto grafico e impaginazione a cura di Black Cat Studio

© Immagine di copertina realizzata da Black Cat Studio

Collana: Le Lucciole

MONIA IORI

Atroce bellezza, meraviglioso dolore

Poesie

Rosa dei Venti Edizioni

A Duilio

I

Infinite volte muoio
con te nella mia mente.
Brucia di te il pensiero,
rovente come fuoco.
Nella notte mi perdo,
cercandoti.
Arriva il nulla,
l'inferno mi accoglie,
senza di te.

II

Tenebra e luce:
questo è ciò che sei.
Un mistero impenetrabile
come l'oscurità in una tempesta,
che dal cuore dell'abisso
sprigiona un fuoco
che indora l'immenso.

III

Come potrei non ricordarmi di te
e della tua anima avvinghiata alla mia,
quando ogni cosa,
conosciuta o meno,
grida il tuo nome?
La notte silente,
promessa di gioia,
mi porta il tuo ricordo,
indelebile.
Il vento che accarezza
il mio io
ti accompagna da me…
Oh grande, dolce amore
della mia memoria,
della mia vita.

IV

Al nostro amore
non servono
ricorrenze o parole
urlate a squarciagola.
Sussurrando
ci avvolge
e dimostra
che nulla ha l'amore
che debba essere
dimostrato.

V

Piove con il sole,
nascosto dalle fronde
e vile, meschina luce iridescente,
che appare solo
quando vuole.
Come te
mio amore immenso
voli sempre
tra quei rovi
nella fitta nebbia
densa e oscura
che abita il cuore mio straziato.
Sanguinante rivolo di vita
che mai cura troverà
in quel cielo variabile
che tu governi.
E non ho scampo,
fardello della mia anima,
con te
piove sempre
con il sole.

VI

Nasce e muore
il mio sentimento d'amore
e vive
eterno nel tuo sguardo.
Come la fenice
rinnova la sua linfa
dalle proprie ceneri,
così tu
in me
ti rigeneri e cresci,
immortale,
le tue radici
piantate
nel mio cuore.

VII

Sognare vorrei
di infiniti sguardi
rubati al tuo cuore,
perennemente celato
dalla vile realtà.

VIII

Tu:
atroce bellezza,
meraviglioso dolore.

IX

Quando le tue labbra
sfioreranno le mie.
Allora!
Sì…
Ricorderò i nomi e i luoghi
di questo mondo sconosciuto
e tutto sembrerà amico
della mia anima scalpitante,
persa in solitudine
fino ad allora.

X

Mi manchi
eterna fiamma
che riscaldi le mie notti
con il tuo ardore.
Felice sarei
se potessi bruciare in te,
spirito riflesso
del mio cuore.

XI

Ti voglio,
ti desidero e bramo
mio dolce aguzzino
che ti nutri di me.

XII

Ti amo.
Non oso dirti quanto.
Non posso svelare
questo primordiale segreto
e perdere così
l'essenza che lo anima.

XIII

Riflessi di te
vivono nei miei occhi.
Come posso aver paura
che tu non mi ami,
quando guardi nei miei occhi
e vedi questo amore e ardore intensi
e l'immortalità indomabile
del sentimento
ti assale e pervade?
Non c'è più scampo.
I miei occhi
sono una rete
che impiglia i tuoi forse
e li incendia
di dolce passione.
Se vedi nei miei occhi
ciò che scorgo io,
dormirò sogni tranquilli
perché non puoi
non amarmi.

XIV

Soffrire per te
non è un dolore
ma una sanguinosa
e brutale
guerra.

XV

Il filtro della tua presenza
è come una pozione magica
che rischiara
le vie incerte dell'esistenza
e dirada
la nebbia fitta
che mi avvolge,
minacciosa e tetra.
Sei forse un mago?
Sì, è così, senza dubbio.
Devi per forza avere
dei magici poteri
per rendermi cieca
a ogni cosa,
eccetto te.

XVI

Mi sembra che
solo chi non ama
sappia descrivere l'amore.
Chi ama davvero non può.
La confusione del sentimento
impedisce
la formazione di concetti
e non esiste
nitidezza.
Chi ama
vive
nella nebbia.

XVII

Questo amore
altro non è
che un candido
fiore terrestre.
Delicato e fragile
come un bocciolo
ricoperto di rugiada.
Ma con un seme forte
che ogni anno
nuova vita
creerà.
Dormi sereno,
amore,
nessun fiore
può appassire
nella stagione
dell'amore.

XVIII

Sei qui,
finalmente,
amore!
Sei arrivato
con il tuo sorriso,
sornione e astuto,
come il tuo cuore
che sordo alle grida
della mia disperazione
prosegue il gioco
dell'io.
Egoista e indolente
nella sua lotta estrema
contro un nemico che
non può combattere.
Smettila!
Arrenditi!
Non puoi vincere
sull'indissolubilità
dell'amore.
Il nostro amore
puro
come il dolore.

XIX

Come puoi trasmettere
a questa matita
tali versi?
Cosa c'è
in te
che riesce ad afferrarmi
il cuore
in una morsa?
Nessuno
prima d'ora
ha mai ispirato
al mio cuore
simili parole.
Perché tu?

XX

Non pensare che
io sia affetta
da un'imperdonabile forma
di egoismo,
se dico che
non potrò andarmene
prima di te,
quando tra mille anni
il respiro della vita
abbandonerà i nostri arti.
No, amore.
Non è così.
Se lo pensi,
dimmi solo questo:
come farei a lasciarti solo
in questo mondo oscuro?
Come farei a non vivere
sapendo che tu hai bisogno di me?
Chi potrà prendersi cura
dei tuoi vizi
e dei tuoi sogni?
No, amore.
Io resterò
con te,
sempre.
Non mi allontanerò,
mai.
Per tenerti al sicuro

dal mondo,
al riparo
dalla solitudine.
Sarò io
a subire
le pene dell'assenza.

XXI

Cosa farei per rivederti?
È questo che chiedi
con la tua muta assenza.
Tu,
che solo amo
tra gli infiniti spiriti
che inquieti
abitano questa terra.
Tu,
impenetrabile mistero
del mio cuore
malato d'amore.
Tu,
che risvegli
desideri sopiti
nascosti dal dolore
incurabile
della realtà.
Tu,
unico dio
del mio universo,
il sogno infinito
del giorno
e la realtà dolcissima
della notte.
Cosa farei per rivederti?
Sacrificherei
l'alba e il tramonto

della mia vita.
Morirei, rinascerei,
all'infinito
per te,
senso assoluto
di ogni mio gesto.

XXII

Il tuo odore
è come un incantesimo
di perdizione
sui miei sensi.
Li avvolge e
trascina inermi
nella brezza

dei tuoi giorni.

XXIII

Invincibile
come il dolore.
Quel dolore
che grida
amore.
Tienimi stretta
fino a farmi
male.
Questa è
la sofferenza
che porta con sé
tutto il tuo amore.
È quel dolore
che rende
invincibile
l'amore.

XXIV

Mi hai tolto
tutti i timori,
eppure
solo conoscendoti
ho scoperto cosa fosse
la paura
e ora vivo
nel costante terrore
di tutto ciò
che può portarti via
da me,
perché
con te ho tutto
senza te niente.

XXV

Dicono che
io sia muta.
Ma loro non sanno,
non sanno
che per me
è sconosciuto
il loro idioma e
che le mie membra
resteranno
solo silenzio
mentre l'ascolto,
finché tu
sarai lontano.
Il mio corpo
parlerà
quando sarò
con te.
Allora si aprirà
al tuo possesso
e diverrà poesia
per le tue mani
e i tuoi occhi
e la tua bocca.
Perché tua è
la lingua che conosce
e in te è il potere
per avermi
In te è
la mia voce.

XXVI

Nemmeno mi accorgo
del mio animo
in subbuglio
finché non mi ritrovo
tra le tue braccia e
la pace mi assale
alle spalle.

XXVII

Portami a casa,
lì
dove risiede
la tua anima.
Lasciami vivere
nell'oro
che sprigiona.
Non c'è dimora
più ricca
di uno scrigno
da cui rubare,
in eterno,
amore.

XXVIII

Vieni da me,
amore,
e resta qui
accanto alla mia anima.
Questo mondo mi sembra
sconosciuto
senza di te.
Vieni qui
e abbracciami forte,
fa che il tuo spirito
si mescoli al mio
e sussurri serenità
al cuore.

XXIX

E quando mi stringi
la mano,
mi afferra
la consapevolezza di
essere noi.
Non più un io
solo e sperduto
ma un'unione
inscindibile e
imperitura
che guida
il destino
dei nostri giorni.

XXX

Esiste un'isola
dove la pace
governa
il mio destino.
Mi era ignota
fino a che
non ho incontrato
i tuoi occhi
e in un istante
ho scorto la strada
per raggiungerla.

XXXI

Quale rifugio
è più desiderabile
del giardino segreto
che custodisce
le istantanee
di ogni ricordo
vissuto con te?
Irraggiungibile
per chiunque
eccetto noi due,
introvabile
per chiunque
eccetto noi due.
Una sola chiave
apre quella porta
e può essere forgiata
solo da noi due.

XXXII

Oh, quante spine
ha questa rosa...
Le mie mani sanguinano
come fossero sorgenti
di dolore.
Nessuna tregua
nella sofferenza d'amarti.

XXXIII

Dannata.
Così sento di essere
amandoti.
Questa è
la mia pena
per volerti con me.
Vicino,
più vicino,
sempre.
Un mare di dolore
mi sommerge
crudelmente
perché non ti lascio
andare.
Come salvando un annegato,
io mi trascino giù
nell'abisso nero
di questo amore
che sommerge
le mie speranze
e le mie paure
e che divora
la mia anima
per donarla a te.

XXXIV

Dentro una campana
di vetro infrangibile.
È così che ti terrei,
schiavo
del mio amore per te.
Sarebbe il mio cuore
innamorato
a dare il colpo di grazia
alla tua libertà.
Ah, ma non sono così egoista...
Caro amore,
non temere.
Piangerò
lacrime amare,
ma devo lasciarti
vivere.
Non posso negarti
il più nobile dono
per tenerti al sicuro,
sempre,
accanto a me.
E renderti
ghiaccio
prima di aver assaggiato
il fuoco.

XXXV

Non affondare
il coltello.
Non ce n'è bisogno.
La lama è
già dentro
al mio cuore
e sono io
a infliggere
la pena mortale.
Le lacrime scendono,
amare,
e io rido.
Ho perso il senno.
E gioisco.
Eppure so
che amarti è
un suicidio.
Ma la lama
continua a penetrare
nella mia carne
ed è la mia mano
a spingere.
E io non la fermo.
A cuore aperto
accolgo la morte
che è vita
e ha il tuo viso
e la tua voce.

XXXVI

La mancanza è
un velo nero
sulla realtà.
Il fruscio
delle onde del mare
che mi ricorda
di te.
Un chiodo di ruggine
piantato nel petto
che irradia
dolore e morte
in un corpo straziato.
È saperti lontano e
desiderarti qui
con tutta l'anima,
la stessa che
mi hai rubato,
la stessa che
trova
solo in te
rifugio.

XXXVII

Si devono attraversare
lame taglienti e affilate
per scorgere la bellezza.
Sopportare
atroci sofferenze
per avere pace.
Mangiare veleno
per bere amore
e placare il bruciore
che pervade il cuore.
E io
milioni di serpi
ingoierei
per bere da te,
amore,
il succo più dolce.
E in un sorso morire.

XXXVIII

Quel vuoto d'inquietudine
nel petto,
la sensazione di essere
alla deriva del mondo,
sperduta
nei meandri intricati
dell'esistenza.
E adesso so
che tutto questo c'era
perché tu
non eri
con me.

XXXIX

Mi addormento
pensando a te.
L'unico
che mi tiene ancora
in vita.
L'unico
che sa donarmi
il sogno.

XL

Ti sento,
vicino,
lontano.
Come la reminescenza
di un mondo ignoto,
ma caro
alla mia memoria.
Una terra cancellata
dalla marea,
ma in profondità
sempre visibile.
Com'è dolce
non riuscire a
scorgerti a lungo
e all'improvviso
ritrovarti.

XLI

Il mostro
che vive in me,
come una tempesta
portata qui dal vento,
non è mai sazio
del mio dolore
e reclama
il mio cuore
in nome dell'amore.
Il mostro ha
sempre fame
e di me
più nulla
rimane.

XLII

Magia:
tu e io,
insieme.
Non c'è incanto
che possa eguagliare
ogni attimo
rubato al tuo cuore.

XLIII

Le mie mani
per te,
amore...
Solo un appiglio
per le tue paure.
Le mie mani
su di te,
amore...
Solo il fuoco
per quando avrai freddo.
Le mie mani
in te,
amore...
Solo la promessa
per sempre
di rimanere.
Le mie mani
con te,
amore...
Solo un'ancora
che non ti farà
mai
trascinare via
dalla corrente
dell'inferno.

XLIV

Solo un suono basta
a risvegliare il ricordo
di te
e il cuore si desta,
riprende il suo battito,
il sangue scorre,
torna il respiro:
è nuova vita.

XLV

Ascolta...
Senti questa voce?
È la mia anima
che incessante
ti chiama.
Ho bisogno di te,
ora.
Vieni qui,
ti prego.
Segui questo canto
e salvami
dall'abisso.

XLVI

C'è un io nobile
in me
che emerge solo
quando tu
mi sei accanto.

XLVII

Dimmi che esisti.
Dimmi che non sei sogno.
Che in questo mondo buio
posso sempre trovarti.
Che lì,
tra i raggi
di un sole abbagliante,
resterai ad aspettarmi
e illuminerai i miei passi
verso il sogno,
reale,
verso te.

XLVIII

Ricordami così:
gli occhi accesi,
le gote luminose,
il sorriso radioso,
mentre ti guardo
mentre ti penso
mentre per te
mi struggo,
innamorata.

XLIX

Il tuo amore è
prepotente.
Mi porta ad amarti
anche quando non vorrei,
anche se mi oppongo
con tutte le forze
e mi aggrappo
al barlume di resistenza
che abita il mio cuore.
È inutile,
tutto vano.
Qualcosa di me
ti appartiene.
E mi trascina
in questa guerra
che ha il tuo nome,
nemico e alleato
della mia anima
a te sempre devota.
Sono ostaggio
di questo arcano sentimento
e tu
non mi lascerai andare
mai.
E null'altro chiedo,
amore.
Solo desidero essere
tua prigioniera

in eterno.
E ti amerò
anche se non voglio
perché la mia volontà
è il nulla
di fronte alla forza
di questo amore.

L

Guardami.
Vedrai l'amore.
Nei miei occhi
troverai
la tua felicità:
le gioie e i dolori
dei giorni che arriveranno,
mansueti,
a portarci
il calore di un dono
grande come l'immenso,
che riscalderà le notti
e riempirà i silenzi.
Sul mio viso scorgerai
il riflesso del tuo cammino:
adagio,
seguirò i tuoi passi,
ti raggiungerò
e avanzerò al tuo fianco
nella tempesta,
nel docile vento del sud,
senza cedimenti
senza soste
spossata ma costante,
devota
felice
accanto a te.

LI

Il mio amore per te
è come il vorticare
di una foglia
scossa dal vento.

LII

Sei qui,
ti sento.
Sei infine giunto.
E finalmente
ora potrò
cadere nel sonno
senza paura
perché tu
mi sei
accanto.

LIII

Non riesco
a liberarmi
di te.
Mi segui
rincorri
tormenti.
Sei un'ossessione
che non dà pace.

LIV

Sei tu
che la notte
mi salvi,
quando gli incubi
afferrano
la mia mente.
Ti chiamo.
Ti cerco.
Grido.
Preda del terrore,
consapevole del tuo potere.
E aspetto.
Il mio è un lamento
straziante
che ti invoca.

LV

Mai più sarai solo
finché stringerò la tua mano.
In fondo, mai lo sei stato
non da quando
su questa terra
io cammino.
E anche senza averti trovato
ero già con te.

LVI

Nella notte
mi manchi
come fossi una luna
senza cielo.

LVII

Ho sognato
il tuo abbraccio.
Mi accoglievi
in te,
aspettando il mio arrivo,
e intensamente
mi stringevi...
Dolce, disperato
amore.
E io giungevo
a te,
casa
rifugio
del mio dolore e
di gioia immensa.
Cullata dal tuo amore
mi sentirò protetta
dal mondo,
accettata
dai diversi,
amata
da me.

LVIII

Amami.
Una sola preghiera
ti porgo:
amami.
Non dimenticarti
della mia anima
dispersa.
Non abbandonarmi
nella tormenta
del destino.
Solo,
amami.
Sempre.
Giurami
che mai smetterai
di rincorrermi
e per mano prendermi,
di condurmi tra le vie
della solitudine
dove insieme,
uniti,
camminiamo.

LIX

Il mio tormento
non ha mai
fine.
Quando l'amore
vive come il vento,
trascina con sé
il dolore
più profondo,
che ha le sembianze
dell'inferno.

LX

E m'innamoro
ogni volta,
a ogni nuovo incontro,
come se fosse
lo stesso amore
ma anche diverso.
Come se il tuo volto
bruciasse
di una nuova vita
che già conosco.
Come una magia
che si ripete
senza mai esaurirsi.
Come un destino
che inizia e finisce
solo con il tuo.
Incessante,
inevitabile.
E ricomincio
da te,
sempre.

LXI

C'è un segreto
che riguarda
solo noi,
che esiste
unicamente
per noi.
E di noi
si nutre.

LXII

Anche senza volto
ti amerei.
Non ci si può nascondere
alla propria anima.

LXIII

Fingo che tu
sia qui.
Attingo ai ricordi
per sentirti
vicino.
Ma infinito è
il tormento
di chi vive
nell'assenza.

LXIV

La notte porta
il tuo odore
come fosse un marchio
indelebile
della luna.

LXV

Tienimi per mano,
non lasciarmi cadere.
Sarà il più profondo
degli abissi,
se tu mi lasci andare.

LXVI

Non ti voglio.
Lo ripeto sempre.
Ma dov'è la verità?

LXVII

Resta in silenzio.
Non c'è bisogno
di parole.
Io so.
Vedo la tua anima.
Ti comprendo
oltre ogni forma
di comunicazione.
Conosco
ogni tuo riflesso
ogni chiaroscuro
che disegna
il tuo volto.

LXVIII

Quando i tuoi occhi
come braci ardenti
mi guardano
penetrando nell'animo,
mi accorgo
di essere perduta
inesorabilmente.

LXIX

Mi manchi.
Che parole sono?
Non possono esprimere
ciò che provo
mentre tu non sei qui,
mentre tu sei lontano.

LXX

Navigare
in questo mare
senza te
è come avventurarsi
in una tempesta
senza faro.

LXXI

Non ho bisogno
di matite
per disegnare
il tuo corpo.
Le mie dita
dipingeranno
il profilo
del tuo viso,
delle tue spalle
con l'inchiostro sfumato
del ricordo.

LXXII

La mia vita
resta muta
senza di te.

LXXIII

Il fuoco,
amore.
Il fuoco
dentro me,
mentre ti penso
mentre ti voglio,
qui.

LXXIV

C'è qualcosa
di arcanamente
ancestrale
che mi spinge
verso di te.
E di te mi attrae.
E a te mi lega.

LXXV

Non pensare
che io sia nata
invano.
Vivo
per raccontare
di te
al mondo.

LXXVI

Mi sembra come
di volerti
al di là.
Oltre questo corpo
oltre questa mente
oltre questo mondo.
Avere bisogno di te
da una fonte
senza origine
ma che è
l'origine di tutto.

LXXVII

Ho conosciuto me stessa
quando ti ho incontrato.
Chi ero prima di te?
Chi sono senza di te?
Chi sarò al di là di te?
Non esiste vita
per me
che possa sorgere
dopo di te.

LXXVIII

Ti riconoscerei
tra mille volti,
anche senza averti
mai visto.
Come se
in un mondo
in bianco e nero
tu fossi
l'unico colore.

LXXIX

Esiste una me stessa
che è unicamente tua.
Che io penso si sia creata
quando ti ho incontrato,
ma che in realtà
era già lì,
dormiente,
ad aspettare l'alba
che avrebbe portato
il risveglio.
Una me stessa
che è invisibile al mondo
e si fa carne solo
quando tu mi sei accanto.

LXXX

L'amore è
quella cosa
senza via d'uscita:
stare con te
è l'inferno
ma
stare senza di te
è impossibile.

LXXXI

La vita
senza di te
sarebbe come stare
nel fondo
di un pozzo buio,
senza una corda
a cui aggrapparmi
per risalire.

LXXXII

Fredda è
la notte del mondo,
tanto gelida che
ogni stella si spegne
e se alzo gli occhi
c'è solo buio,
accecante nero
che mi rende vuota.
E immensa solitudine
e infinita incertezza,
da convincermi che
ogni volta
che ci ritroviamo
insieme,
noi due,
accada un miracolo,
inevitabile eppure raro,
che riaccende la vita
dentro me
e spazza via l'oscurità
che mi ha avvolto,
come fosse il sole
a inondare il cielo
di una mezzanotte
di tenebra.

LXXXIII

Traditrice
perfino di me stessa
diventerei per te,
in nome di una forza
che copre ogni distanza.
Cercami e mi farò trovare.
Chiamami e risponderò.
Chiedimi di restare
e più le gambe muoverò,
ginocchia di pietra costruirò
e mi farò roccia per te,
per resistere a ogni tempesta
e proteggerti dalle sabbie
del mondo e del tempo.
E il tuo canto risuonerà
attorno a me,
indimenticabile
tra le pareti del mio io.
E volterò le spalle al mare,
mai più padrona delle mie gesta,
e tradirò il mio dio,
non tornerò indietro,
eternamente tua
oltre la realtà e il sogno.

www.ingramcontent.com/pod-product-compliance
Lightning Source LLC
Chambersburg PA
CBHW020511030426
42337CB00011B/329